LA TROVA TRADICIONAL CUBANA

Dulcila Cañizares

EDITORIAL LETRAS CUBANAS
INSTITUTO CUBANO DEL LIBRO
LA HABANA, CUBA

ISBN 959-10-0043-X

Edición: **Silvana Garriga**
Diseño: **Raúl Martínez**

Emplane: **Ivonne Domínguez**

Corrección: **Silvana Garriga y Dulcila Cañizares**

Editorial Letras Cubanas
O'Reilly 4, esquina a Tacón
La Habana, Cuba

Ejemplar impreso en Colombia
por Prensa Moderna Impresores -Cali
Septiembre de 1992

RECONOCIMIENTOS

Toda investigación y cada libro impreso dejan al autor con una dulce estela de agradecimientos. En mi caso, no olvidaré darle las gracias a Radamés Giro, por facilitarme las entrevistas que le hiciera al maestro Vicente González-Rubiera (Guyún) y el material gráfico (partituras y fotografías) que puso en mis manos con su acostumbrado desinterés.

También debo agradecer el trabajo de fotocopias realizado en el Departamento Fotográfico del Ministerio de Cultura y en el del Instituto Cubano del Libro.

A los trabajadores del Museo Nacional de la Música, gracias por su colaboración.

A Isabel Flórez, como siempre, mi especial reconocimiento por su preciosa labor mecanográfica.

Para Iris Pineda y Rosa Elena Carandell, gracias por la ayuda cotidiana que me han proporcionado, por la paciencia tan necesaria que me han regalado y también por el estímulo en los momentos de desánimo.

A Silvana Garriga, un agradecimiento que se escribe fácil, pero que se siente con el mejor y hondo cariño, porque así, con el buen cariño y con cuidados y delicadezas, ha dedicado su tiempo y su experiencia a la edición de este libro.

Para todos ustedes, mi amor.

DULCILA CAÑIZARES

A la memoria del maestro
Vicente González-Rubiera (*Guyún*)

LA VIEJA SIMBIOSIS

Trova, trovador, trovadoresco..., vocablos que despiertan en la memoria del cubano, no el recuerdo del *minnesanger* alemán de la Edad Media, ni de los *trouvères* de la Francia Septentrional, ni del provenzal *troubadour* que tuvo su auge entre los siglos XI y XIII –nunca confundidos con los nómadas juglares–, sino que evocan la remembranza de las serenatas con acompañamiento de guitarras, en las voces de hombres humildes del siglo XIX cubano, hasta bien entrado el XX, porque, como bien dijera Noel Nicola:

Para nuestro pueblo está bastante definido el concepto de lo que es un «trovador». Un «trovador», en Cuba, es: A) un intérprete de sus propias canciones o de canciones de otros que, al igual que él, son intérpretes; B) se acompaña a la guitarra y C) trata de «poetizar» con su canto.[1]

Mientras en Europa los ministriles y los juglares eran los ejecutantes callejeros, los que dirigían las diversiones cortesanas, y los trovadores mantenían una posición de mayor jerarquía –pues también fue una profesión ejercida por la nobleza–, nuestros trovadores, denominados *cantadores* en su surgimiento, nada tenían en común con los franceses de la *langue d'oc* o provenzal, pues los primeros cubanos que empezaron a trovar (encontrar, inventar, componer canciones y versos...) pertenecían a las clases humildes (obreros, zapateros, sastres), que malamente podían hacerse de una pobre guitarra, y que, analfabetos en la mayoría de los casos, lo máximo que alcanzaban eran los rudimentos del instrumento, casi siempre por mimetismo. Y por esta vieja simbiosis hombre-guitarra

---

[1] Noel Nicola. «¿Por qué nueva trova?» **El Caimán Barbudo**. La Habana, número 92, julio de 1975, p. 10-12.

que ha sido siempre nuestro trovador es por lo que, según el propio Nicola, para él y para Silvio Rodríguez, el «"trovador" define en nuestro país el concepto unificado de "hombre-guitarra-poesía-popular"».[2]

¿Y CUÁNDO LLEGÓ?

¿Cómo y cuándo llega la guitarra a nuestra isla? Podemos suponer que la guitarra, o tal vez la vihuela, llegara a Cuba en el propio siglo del descubrimiento, pero no existe evidencia alguna que lo demuestre con veracidad. Sin embargo, el investigador Radamés Giro ha manifestado muy lúcidamente que:

> La vihuela o la guitarra, o ambas a la vez, pudieron haber entrado en Cuba con los colonizadores, puesto que en Trinidad, desde su fundación, se menciona a Juan Ortiz, «el músico», como «gran tañedor de vihuela y de byola», según afirma Bernal Díaz del Castillo, uno de los más connotados cronistas de la conquista [...].

A fines del siglo XVII aparece en Cuba el nombre de Lucas Pérez de Alaíz, natural de Burgos, España, y radicado en Santiago de Cuba, quien hacia 1680 actúa como maestro cantor de la capilla de música de la catedral santiaguera [...].

....Serafín Ramírez menciona a un tal Juan Navarro, guitarrista, sin ofrecer más datos sobre el mismo. Sin embargo, esto no debe hacernos suponer que por aquella época la guitarra en Cuba no se había popularizado, pues debió de sonar en calles e iglesias, en las agrupaciones bailables que tocaban para la población más humilde del país –en su inmensa mayoría esclavos– y en los saraos que se efectuaban en las casas de la clase dominante. En 1722 existían en Santa Clara pequeños grupos de guitarras y bandolas para gran regocijo de la población.[3]

---

[2] **Ibidem.**

[3] Radamés Giro. **Leo Brouwer y la guitarra en Cuba.** La Habana, Editorial Letras Cubanas, 1986, p. 16-19.

Resulta evidente que la guitarra vino del brazo de los primeros peninsulares, porque los días y las noches lejos de la patria tal vez fueron para ellos una aventura no muy grata, y en algo había que gastar el tiempo libre, y la femenina forma de la guitarra debió de haber sido la elegida por aquellos que sabían sacarle sonidos evocadores de la lejana tierra.

LOS CANTADORES

Siglos después, ya en el XIX, empezaron a surgir los primeros cantadores nuestros, que no eran entonces sino transportadores de óperas italianas, canciones napolitanas, música española, romanzas francesas, canciones mexicanas, bambucos colombianos..., que dieron lugar, luego de una lenta evolución, con la adición del componente africano aportado por los esclavos, a la canción cubana.

Al respecto, Gonzalo Roig manifestó:

En la antigua Canción Cubana y en sus letras, casi se pueden prever los estados de ánimo del pueblo, de sus dolores y sus anhelos. En las que se cantaban allá por el 68 al 71, las canciones revelaban el orgullo del cubano. Por ejemplo, en el «Siboney» y la «Rosa de Cuba» –no en el «Siboney» del desaparecido Ernesto Lecuona, sino una antigua canción de ese nombre y de mucha índole patriótica–; la de desesperación por la huida forzada del ser querido; en «Las Villas de las lomas», «La Ausencia», «El Ausente», «El hijo Errante», «La partida» y «Adiós a Cuba».[4]

ALGO DE HISTORIA

La decimonovena centuria cubana fue un período de gran importancia para la isla, ya que en ese lapso, en medio de un hervidero de intereses encontrados, de los conflictos clasistas y raciales, del proceso de transculturación, de las gestas independentistas del 68 y del 95, de la lenta evolución del regionalismo a la conciencia nacional, de las tendencias

[4] Gonzalo Roig. La canción cubana (conferencia ofrecida el 25 de septiembre de 1964, en Bayamo). Hojas mimeografiadas.

11

anexionistas, reformistas y antinacionalistas, de la abolición de la esclavitud, del contrabando negrero, culminó el proceso de formación del pueblo-nación, definido inteligentemente por Jorge Ibarra desde un punto de vista sociológico. Según Ibarra, ese hecho nos viene dado

...por la transformación de las estructuras sociales de los sistemas precapitalistas y su sustitición por aquellas que han correspondido históricamente a las sociedades burguesas o socialistas. La revolución democrático-burguesa de Yara, al suprimir la esclavitud, foco nodal de todas las contradicciones que impedían la integración de los diversos grupos alógenos en una comunidad histórico-nacional, creaba las premisas iniciales para la cristalización de la unidad cultural, sicológica y lingüística del pueblo-nación que comenzaba a formarse en la manigua heroica. [...]. Blancos y negros mancomunados en un mismo ideal, hermanados en la lucha común contra el colonialismo español, crearían nuevas relaciones de convivencia social. Los pardos y morenos de la factoría, los mulatos y negros de la colonia, serían llamados por primera vez cubanos.

La noción de pueblo-nación no estaba dada, desde luego, tan sólo por la creación de nuevas relaciones sociales, entre las clases y estratos que objetivamente formaban parte de la comunidad nacional, sino también por la conciencia histórica que tenía esta de formar una nación soberana e independiente más, en el concierto de las naciones. [...].[5]

En medio de aquella incesante ebullición, las luchas clasistas fueron también inclinándose de los linderos políticos hacia los ámbitos culturales, con el marcado objetivo de crear una cultura nacional popular, uno de cuyos ejemplos más evidentes es el movimiento de la trova tradicional cubana.

PARA UNA NOVIA

Por otra parte, y a pesar del tiempo que ya había transcurrido, las influencias de la Revolución Francesa en la América Latina fueron múltiples, como variadas fueron también las canciones surgidas bajo el influjo

[5] Jorge Ibarra. **Nación y cultura nacional**. La Habana, Editorial Letras Cubanas, 1981, p. 9-10.

Carlos Manuel de Céspedes.

de *La marsellesa,* de Rouget D'Lisle, y hubo una eclosión de canciones patrióticas, cuya culminación cubana fue *La bayamesa*, creada alrededor de 1851, con letra de José Fornaris y música de Francisco Castillo Moreno y Carlos Manuel de Céspedes, luego Padre de la Patria. Aquella canción, creada para una dulce novia bayamesa (¿No te acuerdas, gentil bayamesa, /que tú fuiste mi sol refulgente, / y risueño, en tu lánguida frente, / blando beso imprimí con ardor? // ¿No recuerdas que un tiempo dichoso / me extasié en tu pura belleza / y en tu seno doblé la cabeza, / moribundo de dicha y amor? // Ven, asoma a tu reja, sonriendo; / ven y escucha, amorosa, mi canto; / ven, no duermas, acude a mi llanto; / pon alivio a mi negro dolor. // Recordando las glorias pasadas / disipemos, mi bien, la tristeza, / y doblemos los dos la cabeza, / moribundos de dicha y amor), tuvo más tarde diversas letras de sentido patriótico, se cantó en todos los rincones de la isla en labios de los mambises, saltó las fronteras cubanas y fue reconocida internacionalmente. Según Fornaris, el motivo residió en la música tan llena de delicias de Céspedes y Castillo Moreno. Zoila Lapique dice que

...Sin embargo, no es un secreto que la música de *La bayamesa* responde a los patrones de la canción romántica imperante en nuestros predios desde hacía varias décadas. ¿Por qué, entonces, ha permanecido hasta nuestros días como ejemplo de canción cubana?

La respuesta la hallamos al hacer un análisis de la música de aquella época. La canción de salón, de suaves acentos románticos al estilo francés e italiano –por influencia de las arias de óperas, canciones napolitanas y romanzas–, sin el menor colorido nacional, que no permitían una identificación con nuestro país, se había abandonado poco a poco hacia mediados de siglo. Por lo que la canción, y a pesar de la persistencia de la línea melódica europea, comenzó a destacarse por cierta atmósfera criolla en su música –el inicio de la forma melódica con anacrusas y la terminación femenina– y texto. Son las canciones amorosas que nos hablan de la belleza y ternura de la mujer cubana, de nuestros verdes campos y del cielo siempre azul.

Ellas representaron en plena Colonia, con esa temática y cadencia, una cubanía que se opuso como tal a todo lo peninsular. Y éste es precisamente el caso de *La bayamesa* que, a pesar de la connotación amorosa de sus versos y de la línea melódica foránea, fue conocida casi como un himno patriótico por el hecho de exaltar la belleza y la ternura de la mujer oriunda de una localidad como Bayamo y de ser sus autores destacados revolucionarios. Por esto, no podemos decir hoy que *La bayamesa* se recuerde por un simple proceso de valoración retrospectiva de su melodía –elemento coadyuvante–, sino que es representación absoluta de un momento histórico, ya que de la canción –género mixto– no se puede hacer un análisis parcial, separando texto de música, porque ambos están íntimamente ligados.[6]

Más tarde, alrededor de 1897, se produce un gran brote de canciones patrióticas, cuyos orígenes pueden encontrarse en 1830, y empiezan a entonarse décimas, guarachas cantadas y guajiras, muchos de cuyos títulos aún podemos nombrar, como por ejemplo, *La caída del Guacamayo, La guerrilla, Las penas de un deportado, Cuba para los cubanos, La evacuación, La bandera cubana, La ley de los orientales, La libertad de Cuba* y *El Combate de Mal Tiempo.* Luego, entre 1899 y 1900, las canciones más conocidas fueron *Bolero de Manzanillo, La canción de los orientales, El bolero de Marianao* y *El bolero camagüeyano.*

UN MUNDO SONORO

Mientras transcurrían los años, el desarrollo de nuestra música fue conformando un proceso trascendental, y el mundo sonoro de entonces compuesto, como ya sabemos, por la operística italiana, los aires napolitanos, franceses, españoles y mexicanos, mezclados íntimamente con los ritmos africanos– daría lugar a la canción mulata, criolla, y fueron los cantadores de Santiago de Cuba, pertenecientes a los sectores más pobres de las zonas urbanas, quienes les imprimieron un sello particular a aquellas músicas, originando un movimiento estético-musical que puede señalarse como un neorromanticismo popular cubano, con características bien definidas. Aquellos cantadores, luego denominados trovadores o troveros, padres de la trova tradicional cubana, al difundir sus canciones –cuya cubanía sólo se encontraba en la letra de las mismas y en una determinada cadencia que empezaba a tomar fuerza– le imprimieron a nuestro cancionero su identidad nacional.
Según palabras del maestro Roig:

...los cubanos nos fuimos deshaciendo poco a poco de todas aquellas influencias y adaptaciones que afectaban nuestra propia fisonomía musical, a través de nuestro mensaje melódico y de nuestros ritmos.

[6] Zoila Lapique Becali. **Música colonial cubana en las publicaciones periódicas (1812-1902).** La Habana, Editorial Letras Cubanas, 1979, t. I, p. 188-189.

"LA BAYAMESA"

CANCION CUBANA

LETRA: Céspedes y Fornaris   **MUSICA:** Francisco Castillo Moreno

Canción para una novia, convertida luego en canción patriótica con diversas letras.

LA BAYAMESA

¿No te acuerdas gentil bayamesa
que tu fuistes mi sol refulgente,
y risueño en tu lánguida frente
blando beso imprimí con ardor?

¿No recuerdas que un tiempo dichoso
me extasié en tu pura belleza,
y en tu seno doblé la cabeza
moribundo de dicha y amor?

Ven, asoma a tu reja sonriendo;
ven, y escucha, amorosa, mi canto;
ven, no duermas, acude a mi llanto,
pon alivio a mi negro dolor.

Recordando las glorias pasadas
disipemos, mi bien, la tristeza
y doblemos los dos la cabeza,
moribundos de dicha y amor.

Esta canción fué cantada, por primera vez en Bayamo por sus autores, la noche del 27 de Marzo de 1851

Los años de esclavitud, los primeros conatos de libertad, las dos guerras, la del 68 y la del 95, formaron el cancionero sentido, melancólico, expresivo, a que son dados los pueblos que sufren.

Los troveros o cantadores populares crearon las formas musicales características de nuestras canciones, junto con los compositores calificados que comenzaron a elaborar sus canciones con un sentido más depurado e injertando a nuestra música, definitivamente, el ritmo africano que nos legaron los esclavos residentes en este país. [...].

De toda aquella obra realizada y tan cubana, música anónima o no, elaborada por una individualidad desconocida o calificada y que pronto se convirtió en alma colectiva, apenas quedan vestigios. Los trovadores populares [...] hasta bien entrada la República, fueron sus más valiosos mantenedores [...].[7]

EVOCACIÓN DE LA CANCIÓN CUBANA

En su génesis, la canción cubana, de nacimiento urbano, estuvo conformada con apoyaturas, grupetos, giros melódicos muy retorcidos y letras misteriosas e ininteligibles. Poco después empezaron las canciones patrióticas, con una línea melódica de mayor fluidez, con un aire cercano al del vals tropical –réplica latinoamericana del vals vienés.

La canción cubana, desde sus más remotos orígenes, fue escrita en un compás ternario, con letras cantadas a dos voces, por terceras y sextas, y con dos guitarras como acompañamiento. Después, el aire ternario fue desapareciendo, para darle paso al ritmo binario. Era, más bien, una música que se escribía en Cuba, pero carente aún de la cubanía que luego expusiera en el ámbito internacional.

En el último tercio del siglo XIX es cuando la canción cubana se despoja de su ropaje europeizante y empieza a vestirse con terminaciones femeninas, anacrusas, giros melódicos criollos y un cierto aire sensual y lánguido. En este período aflora y se afianza para siempre la trova tradicional cubana.

Odilio Urfé ha manifestado, respecto a la canción trovadoresca, que si la precisamos

---

[7] Gonzalo Roig. Ob. cit.

...como un género más del cancionero cubano, presenta un conjunto de caracteres en su discurso formal y estilístico que la clasifica como un poema lírico de concreción rapsódica (donde los elementos rítmicos se diluyen casi por completo), hay que comprender que el proceso de decantar un lenguaje melódico de esencial cubanía en el género canción y con base a los componentes anteriormente señalados, ha comportado una delicada recreación artística de altos quilates.[8]

UN BOLERO NADA ESPAÑOL

José (*Pepe*) Sánchez (Santiago de Cuba, 19 de marzo de 1856 - 3 de enero de 1918) fue sastre –aunque, según su hijo Radamés, Pepe sólo cortaba y cosía su propia ropa–, además de condueño de minas de cobre y representante en su ciudad natal de una firma de tejidos existente en Kingston. Aquel mulato se movía dentro de la alta y la media sociedad santiaguera, aunque por su extracción social perteneciera a la pequeña burguesía entonces denominada *de color*, y esto ocurría no sólo por sus negocios, sino por su condición de intérprete y autor de canciones de contenido patriótico, social y amoroso, y además porque tenía estrechas relaciones con revolucionarios de la talla de Antonio Maceo, Guillermón Moncada, José Maceo y Quintín Banderas, entre otros, y con personalidades de las artes, como Rafael Salcedo, Laureano Fuentes Matons y Cratilio Guerra. Su casa era continua sede de veladas artísticas que adquirieron gran prestigio, pues a ella asistieron alguna que otra vez Claudio Brindis de Salas y el musicólogo alemán Germán Michaelson, y también los cantadores más solicitados de entonces, como su alumno Sindo Garay y la madre de este, doña América, soprano de timbre notable.

El más tarde señalado como padre del bolero cubano fue un guitarrista hábil y poseía una agradable voz de barítono, aunque desconocía la técnica musical. Dotado de una sorprendente intuición artística, fue capaz de superar la etapa en la que los compositores y cantadores de la época sólo hacían transposiciones de los géneros que llenaban el ámbito sonoro santiaguero, ya conocido. Su genio musical se dio a la tarea mayor de

[8]   Odilio Urfé. «Sindo Garay. El trovador más grande». **El Caimán Barbudo**. La Habana, número 107.

José (**Pepe**) Sánchez, padre del bolero cubano y precursor de nuestra trova tradicional.

depurar, cambiar, cubanizar el bolero, hasta convertirlo en un género absolutamente distinto a su homólogo hispánico, del cual mantiene sólo el nombre, logrando otro género lleno de cubanía. Muchos otros de sus contemporáneos trabajaron también en el desarrollo del bolero, como,

Quinteto de Pepe Sánchez (1910), integrado por el propio Sánchez –director y guitarrista–, Emiliano Blez –guitarrista– (sentados, de izquierda a derecha), Luis Felipe Porte –falsete–, José (**Pepe**) Figarola –tenor– y Bernabé Ferrer –barítono– (de pie, también de izquierda a derecha).

TRISTEZA

Bolero

José (Pepe) Sánchez
(1856-1918)

El más antiguo bolero cubano conocido. En realidad, su título es **Tristezas**, y no como
aparece en esta partitura.

por ejemplo, Nicolás Camacho, Manuel y Eulalio Limonta y Ramón Ivonet, pero Pepe Sánchez fue quien lo perfeccionó.

Según el desaparecido musicólogo Obdulio Morales, el bolero cubano presenta una introducción de ocho compases, y dos partes, con dieciséis

Una casi desconocida criolla de Pepe Sánchez.

compases cada una, escritos en 2/4, con una estructura interna bicompasada, o sea, el llamado cinquillo cubano (corchea- semicorchea-corchea-semicorchea-corchea) alternando con otro figurado musical, de acuerdo con el gusto de cada autor, sin olvidar que, casi siempre, el cinquillo de la melodía y el del ritmo no coinciden. El bolero cubano más antiguo de que se tenga noticias es *Tristezas*, de Sánchez (Tristezas me dan tus penas, mujer; / profundo dolor; no dudes de mí. / No hay prueba de amor que deje entrever / cuánto sufro y padezco por ti. // La suerte es adversa conmigo, / no deja ensanchar mi pasión. / Un beso me diste un día: / lo guardo en el corazón), que muestra la forma definitiva por la que se conoce este género nuestro.

Aquel mestizo alto y delgado nucleó a su alrededor un buen número de cantadores, a quienes les enseñó sus conocimientos guitarrísticos: muchos de ellos fueron más tarde los creadores de nuestra trova tradicional, por lo que a Pepe Sánchez también se le considera como el precursor de la trova tradicional cubana.

SAUMELL Y CERVANTES

Dentro del orbe musical ya mencionado existieron, además, las obras de dos figuras cimeras en nuestra decimonona centuria: Manuel Saumell e

Ignacio Cervantes, a los cuales debe nuestra música, en mucho, su cubanía. Veamos por qué...

Manuel Saumell Robredo (1817-1870), compositor que naciera y muriera en La Habana, estudió con Juan Federico Edelmann y Maurice Pyke, y, según Alejo Carpentier, Saumell no es

Manuel Saumell Robredo, padre del nacionalismo musical cubano.

...solamente el padre de la contradanza, como se le ha llamado. Es el padre de la habanera [...], del danzón (*La Tedezco*), de la guajira [...], de la clave (*La Celestina*), de la criolla [...], y de ciertas modalidades de la canción cubana [...]. Todo lo que se hizo después de él, fue ampliar y particularizar elementos que ya estaban plenamente expuestos en su obra.

[...]

...Gracias a él se fijaron y pulieron los elementos constitutivos de una «cubanidad», que estaban dispersos en el ambiente y no salían de las casas de baile, para integrar un «hecho musical» lleno de implicaciones. Con la labor de deslinde realizada por Saumell, lo popular comenzó a alimentar una especulación musical consciente. Se pasaba del mero instinto rítmico a la conciencia de un estilo. Había nacido la idea del nacionalismo.[9]

Por lo tanto, Saumell es considerado como el padre de nuestro nacionalismo musical. Entre sus obras se encuentran las contradanzas *La amistad, La niña bonita, Toma, Tomás, El somatén, Recuerdos tristes, Los ojos de Pepa, La Matilde* y *Los chismes de Guanabacoa*, entre otras.

Nacido cuando Saumell tenía treinta años, Ignacio Cervantes Kawanagh (1847-1905) realizó sus estudios musicales con Nicolás Ruiz Espadero, en Cuba, y con Antoine François Marmontel y Charles Alkan, en París. Luego de un perfeccionamiento musical, Cervantes regresa a su país natal y continúa componiendo una música llena de cubanía, que culmina con sus contradanzas de acento intranquilo y femenino, características de lo criollo.

Según el propio Carpentier, en Cervantes existe la

...continuidad de una tradición de raigambres clásicas, que es la del nacionalismo musical cubano en sus expresiones más estimables. Cervantes no es un fruto singular crecido en el ambiente, un fenómeno aislado, como Espadero. Se inscribe en su tiempo con una justificación profunda. Compuestas entre 1875 y 1895, las veintiuna *Danzas* de Cervantes que se han editado, ocupan, en la música de la isla, el lugar que ocupan las *Danzas noruegas* de Grieg o las

[9] Alejo Carpentier. **La música en Cuba**. La Habana, Editorial Letras Cubanas, 1979, p. 154.

Danzas eslavas de Dvorak en las músicas de sus respectivos países. Y obsérvese que Cervantes, como Saumell, no utiliza nunca una cita textual de tema popular salvo en su *Pot-pourri cubano*, obra de menos cuantía. No se vale del documento folklórico. Toma la con-

Ignacio Cervantes Kawanagh, nuestro músico mayor del siglo XIX.

tradanza cubana como una forma y se ajusta a ella, sin romper el marco. Acepta algunos de sus ritmos fundamentales: el del «tango» (en casi todas), el de la conga (en la *Danza No. 6*, en la contradanza póstuma, titulada *Picotazos*). Pero esos ritmos no constituyen nunca una *constante rítmica*. Son elementos de estilo. Por lo demás, Cervantes trabaja con ideas propias, que nada deben al campo ni a la ciudad. Es muy interesante señalar, por lo tanto, que Cervantes se planteaba la cuestión del acento nacional como problema que sólo podía resolver la sensibilidad peculiar del músico. Su cubanidad era interior. No se debía a una estilización de lo recibido; a una especulación sobre lo ya existente en el medio. Fue, pues, uno de los primeros músicos de América en ver el nacionalismo como resultante de la idiosincrasia, coincidiendo este concepto con los que más tarde expondría un Villa-Lobos. De ahí que Cervantes pueda ser considerado como un extraordinario precursor. Sin haber conocido la «etapa folklórica», en que el músico coleccionaba cantos populares en un cuaderno de bolsillo, había rebasado esa crisis necesaria, considerando la cuestión del modo más actual.[10]

Y esas son algunas de las razones para que Ignacio Cervantes esté considerado como el músico mayor del XIX cubano. Entre sus obras citaremos la zarzuela *El submarino Peral*, la habanera *Al ingenio de mi papá*, el vals capricho *Anhelo*, y las contradanzas *Improvisada, El Almendares, El velorio, La camagüeyana, Picotazos, Íntima, La carcajada, No llores más, ¡Te quiero tanto!, Interrumpida* y *Los tres golpes*.

Es de extraordinaria importancia el hecho de que, mientras en Santiago de Cuba –región más oriental de la isla– se estuviera desarrollando un movimiento musical popular, con un peculiar sello de identidad nacional, por parte de un grupo de humildes hombres del pueblo, con sólo rudimentos guitarrísticos, pero con una intuición excepcional, en la capital –casi en el extremo occidental de Cuba–, dos artistas de alto nivel, conocedores de excelentes técnicas musicales, también volcaran sus preocupaciones y sus conocimientos en aras de nuestro nacionalismo musical.

10 **Ibidem**, p. 176.

TROVA TRADICIONAL

Nuestra trova tradicional nace, como se ha manifestado, en Santiago de Cuba, en el último tercio de la decimonovena centuria cubana. Va perfilando poco a poco sus características, con sus raíces africana y europea, hasta convertirse en un movimiento estético-musical que bien puede encasillarse dentro del neorromanticismo popular cubano, con una identidad nacional propia.

Entre sus características generales podemos mencionar que la trova tradicional emplea los acordes de 7ma. mayor, 9na. y 5ta. disminuida, y las progresiones armónicas por tonos enteros o cromáticas, aparte del uso de acordes disonantes y del fraseo rubateado o arrítmico y la no utilización de giros armónicos modales ni variantes rítmicas de gran complejidad, ni tampoco de los *continuos* de la mano derecha de la guitarra sobre acordes naturales. El acompañamiento de la guitarra se realiza sobre la base del rasgueado o rayado.

Aunque podamos apuntar algunas generalidades, como dijera el ya fallecido Vicente González-Rubiera (*Guyún*), armonista extraordinario y pedagogo musical:

En la trova coinciden diversos estilos. El de Corona; el de Sindo; el de Pepe Sánchez, precursor del bolero; el de Matamoros, con su gracia especial. Pero hubo un camagüeyano, Patricio Ballagas, que creó una forma de expresión nueva en la música criolla. Los demás escribían sus boleros en el compás de dos por cuatro, y Ballagas incorporó el compasillo. Una canción en cuatro por cuatro, con dos letras y diferentes melodías. Paradójicamente, este camagüeyano es casi desconocido.[11]

Para respetar el lúcido criterio del maestro Guyún hagamos un análisis de los diversos estilos de los trovadores tradicionales más importantes, entre los cuales siempre se han destacado Sindo Garay, Manuel Corona, Alberto Villalón y Rosendo Ruiz Suárez, figuras conocidas como *los cuatro grandes de la trova*, aunque, compartiendo la opinión de Guyún, nos preguntamos por qué nunca se adicionó el nombre de Patricio Ballagas, quien hiciera aportes tan importantes a este movimiento musical...

---

[11] Olga Fernández. «Secretos de la guitarra». **Revolución y Cultura**. La Habana, número 18, agosto de 1986.

De izquierda a derecha, Rosendo Ruiz Suárez, Manuel Corona, Gumersindo (**Sindo**) Garay y Alberto Villalón.

Sindo

Gumersindo (*Sindo*) Garay (12 de abril de 1867-17 de julio de 1968) nació en Santiago de Cuba y murió en La Habana. Considerado con justicia el más genial de los trovadores tradicionales, Sindo empezó desde muy niño a tocar la guitarra, aprendiendo, al parecer por mimetismo, de Pepe Sánchez y de otros cantadores de la época.

Sindo Garay no fue un guitarrista brillante, ni tampoco tuvo una gran voz; sin embargo, como segundo fue considerado el mejor, porque las evoluciones armónicas que lograba con su voz eran insuperables, al igual que su manejo de los cromatismos. Sin saber música, su intuición lo impulsaba a adivinar qué era lo óptimo. Su superioridad sobre los otros compositores e intérpretes residía en el tipo de composición que lograba, la armonización con la guitarra –sin muchos alardes de digitación– y el

Gumersindo (**Sindo**) Garay, el más genial de los trovadores tradicionales cubanos.

segundo que era capaz de hacer como nadie. De acuerdo con el criterio de Guyún, la profundidad armónica y melódica de Sindo, sus acompañamientos, con armonías muy bien enlazadas, con la certeza de los sonidos sensibles –como la alteracion del 6to. grado, para hacerlo sensible; el acorde de 9na. menor dominante, que no lo empleaba ningún otro trovador en aquella época–, lo hicieron muy notable, por lo que puede decirse que fue un precursor de la armonía alterada.[12]

Según el maestro Guyún, Sindo

No se conformaba con el diatonismo propio de la tonalidad, y lo ampliaba alterando alguno de sus sonidos. En la tonalidad mayor alteraba descendentemente el sexto grado para hacer la sexta menor, y el intervalo de novena menor en la dominante, que empleaba profusamente. Vivía enamorado de la sonoridad que producía ese acorde: novena menor dominante. Estas sonoridades nuevas para el género trovadoresco de su época, las usaba al confeccionar la armonía que utilizaba en su segunda voz.[13]

Entonces, sólo Sindo Garay era capaz de emplear la cadencia evitada, aparte del uso de los cromatismos, al igual que, lo mismo en la armonía que en la melodía, utilizaba melismas. Además, hay que subrayar, en los segundos de Sindo, la agógica, que no es sino el alargamiento de los tiempos fuertes que tienen notas esenciales y el ligero aceleramiento de los tiempos débiles.

Sindo adelantaba el tempo rubato, sobre todo en los segundos –e insistía en que su hijo Guarionex también lo hiciera–, esperaba que el primo se adelantara y luego iba detrás de él, hasta que lo alcanzaba.

Fue un compositor extraordinariamente fecundo –teniendo en cuenta, además, que vivió más de un siglo–, que le cantó a cuanto de importante había para él: la mujer, nuestro paisaje, los hechos trascendentales de la historia, cualquier suceso cotidiano. Entre sus composiciones pueden citarse *Germania, El huracán y la palma, Tardes grises, Clave a Maceo, La alondra, Ojos de sirena, La tarde, Perla marina* y *Retorna* (Retorna, vida mía, que te espero / con una irresistible sed de amar. / Vuelve pronto a calmarme, que me muero, / si presto no mitigas mi dolor. // A conmover tu corazón no alcanzo. / ¿Cómo puedo vivir lejos de ti? / Tan sólo me sostiene la esperanza, / porque ella vive eternamente en mí).

[12] Archivo privado de Radamés Giro. Entrevista grabada realizada por Giro a Vicente González-Rubiera (**Guyún**), en 1986.

[13] Helio Orovio. **Diccionario de la música cubana. Biográfico y técnico.** La Habana, Editorial Letras Cubanas, 1981, p. 159-160.

LA BAYAMESA

CRIOLLA

Sindo Garay

Sindo le cantó a lo que más lo impresionaba. Este es un ejemplo, pues en esta criolla habla de la mujer y de un hecho histórico.

Cuan — do con — tem-pla sus ver-des lla — nos

lá — gri — mas vier-te por sus pe-sa-

— res ¡ay! E — lla sen-ci — lla — le brin-daal

hom — bre vir-tu-des to — das — yel co-ra

La Bayamesa 2.

La Bayamesa 3:

Tardes Grises

Ya yo no soy_____ tan san_si_ble____

co_mo lo a_ra un o.tro tiem____ _po. las cos_

_tum_bras de las pa_nas me han ro_ba_do____

al san_ti_mian_to____ y mi his_

Esta versión armónica para voz y guitarra fue realizada por el maestro Vicente González-Rubiera (**Guyún**). **Tardes grises** es una canción de Sindo, el precursor de la armonía alterada.

Rosendo

Rosendo Ruiz Suárez (1º de marzo de 1885-1º de enero de 1983) nació en Santiago de Cuba y murió en La Habana. De extracción muy humilde, al igual que Sindo Garay, aprendió solo a tocar la guitarra; luego Pepe Sánchez le impartió clases, para mejorar su técnica guitarrística, y lo admitió en un grupo de varios músicos que amenizaban fiestas de blancos adinerados en los alrededores de Santiago de Cuba. Rosendo, como Pepe, fue sastre, pero nunca alcanzó la posición económica del padre del bolero cubano.

Maltratado por su pobre economía, se trasladó de la región oriental hacia Cienfuegos y, más tarde, para La Habana. Fue un compositor multifacético, pues compuso en todos los géneros, con un estilo muy propio, bien diferenciado del de los restantes trovadores, a pesar de que también, luego de beber en la fuente de Patricio Ballagas, compone canciones a dos letras, yuxtapuestas: *Confesión* y *Falso juramento*. Uno de los boleros de Rosendo Ruiz que se destaca por sus armonizaciones es *La reja*, en la que el viejo trovador empleó unas progresiones excelentes, en nada parecidas a las de Sindo.

Entre las composiciones más relevantes de Rosendo se encuentran *Mares y arenas* (Sobre las ondas del mar bravío / puse tu nombre con que soñaba. / Y a medida que lo escribía / venían las olas y lo borraban, / venían las olas y lo borraban. // Sobre la arena lo escribí luego / y, al contemplarlo, mi niña amada, / sopló la brisa, se llevó el riego / y de tu nombre no quedó nada, / y de tu nombre no quedó nada. // En duro mármol lo puse, Elena, / por si la piedra lo conservaba. / Como en las ondas, como en la arena, / todo se borra, todo se acaba, / todo se borra, todo se acaba. // Rásgome el pecho y en él lo escribo, / aún tembloroso, porque dudaba: / aquí lo guardo, porque en él vivo, / nunca se borra, jamás se acaba, / nunca se borra, jamás se acaba), el himno *Redención, Terina, Rosina y Virginia, Junto a un cañaveral, Se va el dulcerito* y *La chaúcha*.

Rosendo Ruiz Suárez, multifacético compositor de estilo personalísimo.

JUNTO A UN CAÑAVERAL

GUAJIRA - SON

Rosendo Ruiz

-ci -da, el ex-tran-je-ro la ad-mi-ra que pre-cio-sos sus ce-la-jes arro-gan-tes sus pal-

-me-ras y sus ri-os cau-da-lo-sos to-dos a-mor y re-po-so a-qui sea-li-via el

Mas movido **Tpo. de Son**

-sa -ros por qui-sie-ra yo

Cu-ba fe-liz los cu-ba-nos u-ni-dos go-zar y por siem-pre la vi-da vi-vir vi-vir la

vi -da.

I

II

fff

J. a un canaveral 2:

MARES Y ARENAS

CLAVE

Letra de Francisco Vélez

Música de Rosendo Ruiz

El día en que Antonio María Romeu escuchó a Rosendo tocar **Mares y arenas** lo invitó a su casa. Después de incluir esa clave en su repertorio, logró que Anselmo López la imprimiera: así se dio a conocer...

bia ve.nian las o.las y lo bo.rra.ban _____ Ve.nian las
re.na.to.do se bo.rra to.do se.a.ca.ba _____ to.do se

o.las y lo bo.rra.ban, _____
bo.rra to.do se.a.co.ba!

So.: bre la.a.re.na lo.escri.bi lue __ go Y al con.tem
Ras.: co.mee.l.pe.cho.yen el lo.escri __ bo aun tem.blo.

plar lo mi ni.ña.a ma.da _____ So.plo la bri.sa lle.vò.se.el
ro.so porque du.da.ba: _____ a qui lo quer.do porque.en el

mares y arenas 12

rie.go y de tu nom.bre no que.do na ___ da
vi.vo, nunca se bo.rra, ja.mas se ca ___ ba _____

Y de tu nom.bre.no que.dì na.do _____
nunca se bo.rra ja.mas se.co.ba _____

D.C ol S con La
segunda letra y
Luego a la Coda

Coda.

Tranquilo.

cres.

seco

Villalón

Alberto Villalón Morales (7 de junio de 1882-16 de julio de 1955) nació en Santiago de Cuba y murió en La Habana. Notable guitarrista, compositor e intérprete de la trova tradicional cubana, se cuenta entre los grandes de la misma.

Hijo de un propietario de cafetales y otros bienes, Villalón realizó estudios musicales, primero con su hermana América, luego con Pepe Sánchez y, más tarde, aprendió guitarra clásica. Fue un excelente guitarrista, con una técnica propia. Para Guyún, lo más sobresaliente de Alberto Villalón puede resumirse en su estilo de tocar. A diferencia del resto de los trovadores santiagueros, no rasgueaba la guitarra para el acompañamiento, sino que bordoneaba. Con dichos bordoneos hacía unos movimientos melódico-armónicos que constituían una de las características de su estilo.

Como compositor fue cuidadoso e inspirado, con armonías muy afinadas. Muchas de sus composiciones fueron convencionales, con melodías sencillas, diatónicas, tonales, carentes de giros melódicos nuevos, excepto su canción titulada *Está muy lejos*, de tal envergadura respecto a los movimientos armónicos y melódicos que puede considerarse una canción perfecta. Como acompañante se caracterizó por una serie de bajos, para los enlaces, técnicamente muy bien realizados, aparte de que su ejecución era limpia y precisa, con su peculiar bordoneo.

Entre las composiciones más relevantes de Villalón se encuentran *Boda negra, La palma herida, Me da miedo quererte* (Me da miedo quererte. / Es mi amor tan violento, / que yo mismo me asuto / de mi modo de amar. / De tal forma me espanta / mi propio pensamiento, / que hay noches que no quiero / dormir por no soñar. // No sé lo que me pasa, / pero hay veces que siento / unos irresistibles / deseos de matar. / Respiro olor de sangre / y luego me arrepiento / y me entran unas ganas / muy grandes de llorar. // ¡Oh, si en esos momentos / pudiera contemplarte / dormida entre mis brazos! / ¡Si pudiera besarte / como nunca hombre alguno / a una mujer besó! // Después rodear tu cuello / con un cordón de seda / y apretar bien el nudo, / para que nadie pueda / poner jamás los labios / donde los puse yo), *Martí* y *Yo reiré cuando tú llores*.

Alberto Villalón no rasgueaba la guitarra, sino que bordoneaba, logrando determinados movimientos melódico-armónicos característicos de su estilo.

"BODA NEGRA"
BOLERO CAPRICHO

POR ALBERTO VILLALON

Las composiciones de Villalón tenían el sello de su inspiración y su cuidado, aunque algunas fueron convencionales, diatónicas, sencillas.

en u-na ho-rren-da no-che hi-zo pe - da - zos.... el

mar-mol de la tum-ba aban-do - na - da.... ca - vé la tie-rra y se lle-vé en los bra - zos.... el rí - gi-do esquele - to de su a-

ma-da   y a-llá en la triste ha-bi - ta-ción som-brí - a.... de mi ci - río fú-ne-bre á la lla-ma in - cier - ta.... sen-tó á su

la-do la o-sa-men - ta frí - a.... y ce-le - bró sus bo-das con la muer - ta.

"ME DA MIEDO QUERERTE"

CAPRICHO-CRIOLLO

POESIA DE
PEDRO MATA

MUSICA DE
ALBERTO VILLALON

Como guitarrista acompañante, Villalón era preciso y limpio. Era excelente.

No se lo que me pa - sa   pe - ro hay ve - ces que sien - to

u - nos i - rre - sis - ti - bles   de - se - os de ma - tar   res - pi - ro o - lor de

san - gre   y lue - go me a - rre - pien - to   y me en - tran u - nas ga - nas

muy gran - des de llo - rar.

¡Oh, si en e - sos mo -

Corona

Manuel Corona Raimundo (17 de junio de 1880-9 de enero de 1950) nació en Caibarién y murió en Marianao. Mencionado entre los grandes de la trova, este compositor y guitarrista de la más humilde extracción social, que falleciera en extrema pobreza, según manifestara Ángel Vázquez Millares:

> Cantó mucho y bien, con maestría, con inspiración genuina y sana. Cantó como nadie a la mujer y a la guitarra: compañera inseparable del creador, como artista y como hombre. Que no sabemos exactamente dónde termina la mujer y empieza la guitarra. Desde la forma hasta su dulce función de complemento en la vida del hombre. Y esto lo supo Corona.
> Podría hablarse de su vasto repertorio guarachero dentro de la trova. De sus numerosas contestaciones y autocontestaciones a canciones creadas por él y por otros.[14]

Manuel Corona Raimundo, el trovador que compusiera el mayor número de autocontestaciones y contestaciones.

[14] Ángel Vázquez Millares. «Presencia del creador». Homenaje a Manuel Corona, La Habana, Coordinación Provincial Habana, Consejo Nacional de Cultura [1965], p. 2.

"MERCEDES"

CRIOLLA PARA CANTO Y PIANO O PIANO SOLO.

por M. Corona

Corona le cantó como ningún otro a la mujer, siempre amada por él, aunque muchas veces ellas no llegaran a imaginarlo siquiera.

Entre las canciones-contestaciones podemos mencionar Aurora (contestación a *Longina*), *La habanera* (contestación a *La bayamesa*), *Animada* (contestación a *Timidez*), *Por qué te quejas* (contestación a *Adiós a La Habana*), *Amparo* (o *Contestación de Alfonsa*), *Realidad* (o *Contestación a Gela*), *Rayos de plata* (contestación a *Rayos de oro*) y *Tú y yo* (contestación a *Ella y yo*)...

Corona trabajó como tabaquero, hasta que, pasando hambres y penurias la mayor parte del tiempo, se dedicó por entero a la música, a la vida bohemia, al amor muchas veces no declarado.

El 14 de enero de 1950, Gonzalo Roig preparó un homenaje póstumo a este trovador, y entre el epistolario del autor de la zarzuela cubana *Cecilia Valdés* se encontraba una nota firmada por él que dice:

Con la muerte de Manuel Corona, desaparece también un genuino representante del cancionero cubano: un auténtico trovador: es un girón glorioso de la canción cubana, un pedazo del alma de ella, que se fue con él [...].

...uno de los máximos cultores de nuestras más puras formas de la canción cubana, y, en mi modesta opinión, el más afortunado intérprete del alma cantarina del pueblo cubano; sus innumerables canciones, claves, rumbas, guarachas, entre ellas «Mercedes», «Longina», «Santa Cecilia», «Sólo suspiro», «Mi pecho y mi alma», «Animada», «Carmela», «Las Flores del Edén», y otros cientos de ellas, así lo atestiguan.[15]

Corona murió en la más absoluta pobreza, solo y miserable, pero legó a la posteridad canciones como *Doble inconciencia, Mercedes, La Alfonsa, Adriana, Aurora, Una mirada, Guitarra mía* (Todo lo dices, guitarra mía: / risa, bullicio, canto, alegría, / suspiros, quejas, melancolías, / sollozos tristes del corazón. / Cuando te inspiras, cuando te exaltas, / todo lo expresas con notas altas. / Todo lo expresas con gran pasión. // Eres profunda, guitarra hermosa... / ¡Qué dulce suenas! ¡Qué melodiosa! / Todo en tus cuerdas amor rebosa. / Sólo tú vibras con frenesí, / porque eres hembra, porque eres diosa, / porque resumes todas las cosas, / porque la vida se encierra en ti) y *Últimas palabras a Mercedes*, interpretadas con absoluta fidelidad por María Teresa Vera y el dúo de las Hermanas Martí.

[15] Archivo privado de Dulcila Cañizares. Fotocopia del documento citado.

Versión de **Longina** realizada por el maestro Guyún. Corona compuso esta canción en 1918 inspirado por la belleza de su amiga Longina O'Farrill.

Por qué no Ballagas?

Es bien sabido que sólo se han considerado como los grandes de la trova a los ya mencionados Sindo Garay, Rosendo Ruiz, Alberto Villalón y Manuel Corona. Sin embargo, coincidimos con la opinión del desaparecido maestro Guyún al preguntarnos por qué no se incluyó a Patricio Ballagas como uno de los cinco grandes de la trova tradicional cubana, excluido por una absurda injusticia o por la absoluta falta de enjuiciamiento de sus valores y de los aportes que hizo a nuestro movimiento trovadoresco. Analicemos por qué.

Patricio Ballagas Palacio (17 de marzo de 1879-15 de febrero de 1920) nació en Camagüey y murió en La Habana. Este humilde mestizo creó una nueva forma expresiva en la música criolla, aparte de que la exactitud cronométrica de sus obras es admirable. Pero profundicemos en sus aportes a la trova, con la severa intención de que se justiprecie su labor y se le ubique en el lugar cimero que le corresponde, alejándolo de la marginación de la que ha sido objeto.

Patricio Ballagas Palacio, injustamente marginado, a quien debe considerarse como uno de los grandes de la trova tradicional cubana.

En su época, los compositores escribían en 2/4, pero Ballagas empieza a componer en 4/4, sin que ningún otro lo hiciera. Con este compás de compasillo no sólo pudo cambiar las figuraciones rítmicas, sino también crear canciones a dos letras. ¿Cómo a dos letras? Pues su genio musical y sus conocimientos de armonía le permitieron, con la utilización del compasillo, que la voz prima fuera cantando una melodía protagónica, con su letra, mientras que el segundo, con otra letra yuxtapuesta a la voz prima, formara un contracanto. Ese era su sello, su característica principal, y el gran valor olvidado, marginado, del genio de Patricio Ballagas. El camagüeyano inicia una medida inusual y un texto doble en contrapunto, y eso sólo puede lograrse con un gran conocimiento armónico, aunque fuera intuitivo. Pero no le bastan esas innovaciones a Ballagas, sino que también abandona el rasgueado de la guitarra en sus boleros, o incluso son pocos los boleros que compone, porque se dedica más a las canciones, siempre en compasillo, con el doble texto y el canto de una melodía contrapuesto al canto protagonista, con una letra diversa.

Acerca de esta modalidad dentro de la canción cubana se ha referido Argeliers León –aunque no aludiendo a Ballagas– al decir:

...El punto culminante de artificio popular en la creación de canciones estuvo en las canciones que se hicieron superponiendo dos melodías con textos diferentes e individualmente diferentes como canciones. Se trataba del natural paso de desarrollo de dos líneas vocales por terceras y sextas paralelas, a dos líneas contrapuntísticas que se producían como resultado de las desviaciones que de propósito los cantadores iban introduciendo libremente en sus respectivas líneas, y hasta con sus giros imitativos.[16]

Según le contara el maestro Guyún a Radamés Giro en una entrevista grabada en 1986, Rosendo Ruiz Suárez le dijo que un domingo de carnaval él se encontraba con un grupo de trovadores en la casa de Ramoncito García, en Rubalcaba número 4, en La Habana, donde Ballagas estaba cantando una canción, y en el momento en que terminó de cantar una frase que decía «no has de permitir tú que yo muera» se silenciaron para siempre la voz y la guitarra de Patricio Ballagas, pues había fallecido el trovador camagüeyano a quien la crítica y la carencia de un certero análisis de su obra han convertido en un compositor casi desconocido, a pesar de sus altos valores y de la influencia que luego ejerciera en los otros trovadores de su época y en los años sucesivos.

[16] Argeliers León. **Del canto y el tiempo**. La Habana, Editorial Letras Cubanas, 1984, p. 196.

A la linda y escultural Srta. Blanca Rosa Soler y Miró.

"LA TIMIDEZ."

CANCION CUBANA

Patricio Ballagas y Palacios.

Andante espressivo.

Piano.

Canto.

Ten — go mie-do de ex-pre-sar cuan — to su-fro yo por tí

y en el can-to quie-ro ha-blar dul-ce con sue-lo pa-ra mi.

Es admirable la exactitud cronométrica de sus composiciones, que en su gran mayoría fueron canciones.

que es que ya no pue-do re-sis—tir la cruel-dad, con que me has tra-ta — do á

mi, por e — so quie-ro que tu se-pas que mi a mor fué so-lo pa-ra tí mu-jer mien-tras vi-

vi, por e — so quie-ro que co-noz-cas mi do — lor y que el re-cuer-do de mi muer-te vi-va en

1ª ti.

2ª ti.

L.T.

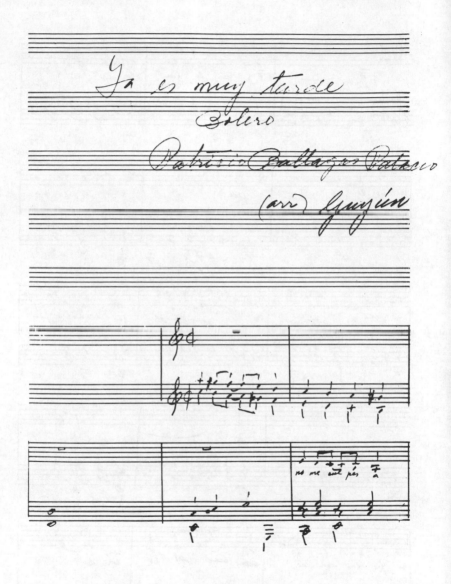

Arreglo armónico del maestro Guyún del bolero **Ya es muy tarde**, de Patricio Ballagas, el camagüeyano casi desconocido que introdujo en la trova la innovación de canciones en compasillo, a dos letras, a manera de contracanto.

EGREM.- EDITORA MUSICAL DE CUBA. C. N C.

Entre sus composiciones más importantes podemos mencionar, en primer lugar, *Timidez* (Tengo miedo de expresar / cuánto sufro yo por ti. / En el canto quiero hallar / dulce consuelo para mí. // No te duele mi dolor / ni tú sientes que al cantar / son las notas de un amor / que no supiste apreciar. // Cuando de mi tumba oigas salir / *un triste* ay de dolor que llegue a ti / *no llores*, es que no puedo resistir / *la crueldad* con que me trataste a mí: // *por eso* quiero que tú sepas que mi amor / *fue sólo* para ti mientras viví: / *por eso* quiero que conozcas mi dolor / y que mi muerte no llores y seas feliz) y luego *El trovador, Te vi como las flores, No quiero verte* y *Nena*.

El resumen de un maestro

En una de las entrevistas que le hiciera Giro al maestro Guyun, el armonista hizo un resumen acerca de los grandes de la trova tradicional cubana que, aun cuando pueda parecer reiterativo, creemos indispensable reflejar en este trabajo, por su lucidez:

...siempre pensé que, en lugar de cuatro, deben ser cinco los grandes de la trova, porque concibió, cada uno de ellos, distintos aspectos: Sindo, por la profundidad melódica y armónica; Rosendo, por sus bellas melodías y sus múltiples estilos; Corona, por sus melodías muy bien hilvanadas, muy bien armonizadas, por el segundo tan bueno que hacía, lo cual se da en los que nacen con esa vena armónica –porque el segundo, a mi modo de ver, es una manera de dominar la armonía, porque cuando tenemos los acordes de tres y cuatro sonidos y necesitamos escoger sólo dos, hay que seleccionar las notas más significativas o importantes en la armonía para ponerlas en uso del segundo, para armonizar la voz prima–; Villalón, por su técnica: en sus acompañamientos no sólo ponía el acorde, sino que incluía una serie de notas de paso, que conocía perfectamente, en los bajos, y hacía unos bordoneos distintos por completo a los otros estilos; Ballagas, por el cambio radical que hace del estilo de la trova al abandonar el rasgueado del bolero, al escribir en compasillo y al utilizar el doble texto, es decir, un texto contrapuesto al canto protagonista, con otra letra, lo cual, para mí, tiene una importancia fabulosa. Por lo

El maestro Vicente González-Rubiera (**Guyún**), armonista, guitarrista, pedagogo. Ha realizado en Cuba las más excelentes transcripciones para guitarra, las mejores versiones armónicas.

tanto considero que cada uno de estos compositores caracterizó un elemento diferenciador, cada uno grande por su especificidad.[17]

Otros

Hay un sinnúmero de nombres que no deben dejar de mencionarse entre los más viejos trovadores, los cuales, a pesar de que no hicieron innovaciones de ningún tipo a nuestra trova tradicional, sí aportaron sus estilos, algunas canciones clásicas en el género y su desmedido amor por la deliciosa música trovadoresca. Sin nombrarlos a todos, puede citarse a Eulalio Limonta, Juan de Dios Hechavarría (*Mujer indigna, Tiene Bayamo, Laura*), Rafael Gómez, conocido por *Teofilito* (*Pensamiento*), José (*Pepe*) Figarola Salazar (*Un beso en el alma, La poesía*), Graciano Gómez Vargas (*En falso, Yo sé de esa mujer*), Emiliano Blez Garbey (*Besada por el mar, Idilio*), Nené Manfugás, Oscar Hernández Falcón (*Ella y yo, Rosa roja*), Manuel Luna Salgado (*La cleptómana*), Ángel Almenares (*¿Por qué me engañaste?, Ya te olvidé*), Salvador Adams (*Me causa celos, Altiva es la palma*), José (*Pepe*) Banderas (*Boca roja* –de la que el maestro Guyún oyó del propio autor que su título era *Sangre roja*–, *Sabrás que por ti*), Julio Brito (*Flor de ausencia*), Miguel Companioni (*Mujer perjura, La lira rota*), Ramón Ivonet (*Levanta, Cuba, la frente*) y Rafael Saroza (*Guitarra mía, Cabecita loca*).

Como intérpretes se destacaron el dúo integrado por Floro Zorrilla y Miguel Zaballa, Angelita Bequé, el Cuarteto Nano, Mercedes Borbón, el dúo de Ramón García y Aurelio Valdés, Pancho Majagua, Justa García, el Gallego Parapar y Justo Vázquez.

Además, hubo una serie de músicos con alta preparación académica, dedicados a la composición de diversos géneros, que también hicieron sus aportes a la trova tradicional cubana, como, por ejemplo, Manuel Mauri (*Celia*), Moisés Simons (*Marta*), Rodrigo Prats (*Miedo al desengaño, Una rosa de Francia*), Jorge Anckermann (*El quitrín, Después de un beso, El arroyo que murmura*), Ernesto Lecuona (*Como arrullo de palmas*), Gonzalo Roig (*Ojos brujos, Nunca te lo diré, Dolor de amor*) y Eduardo Sánchez de Fuentes (*Vivir sin tus caricias, La volanta*), entre otros.

[17] Archivo privado de Radamés Giro. Entrevista grabada realizada por Giro a Vicente González-Rubiera (**Guyún**), en 1986.

Rafael Gómez (**Teofilito**), compositor espirituano de obras importantes dentro del movimiento trovadoresco. Dirigió el conocido trío Pensamiento, integrado además por Augusto Ponce y Miguel Companioni.

Aparecen, de izquierda a derecha, Floro Zorrilla, José (**Pepe**) Figarola Salazar y Juan Cruz; sentado: Emiliano Blez. La fotografía es del 12 de diciembre de 1917.

El habanero Graciano Gómez Vargas, flautista, guitarrista, intérprete y compositor, integró un cuarteto en 1912 con Miguel Zavalla, Floro Zorrilla y Juan Cruz; más tarde formó parte del cuarteto Selecto con Rolando Scott, Isaac Oviedo y Barbarito Diez.

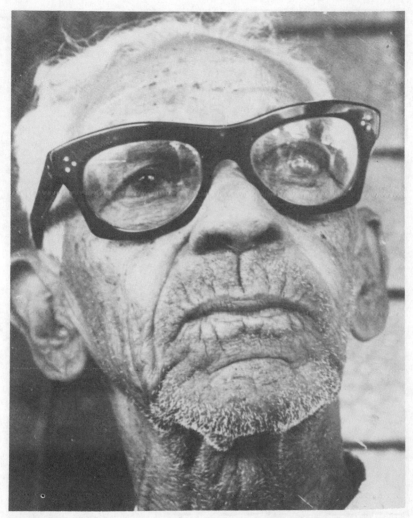

Emiliano Blez Garbey fue guitarrista, compositor e intérprete, aparte de haber sido uno de los discípulos de Pepe Sánchez que afortunadamente se preocupó por transcribir muchas de las composiciones de su maestro.

El cantante, guitarrista y compositor Manuel Luna formó un dúo, un trío y luego el reconocido Cuarteto Luna, integrado por él –voz segunda y guitarra–, José (**Chepín**) Socarrás –guitarra–, Manuel Romero –tres– y Ramón Alvarado –maracas y voz prima.

José **(Pepe)** Banderas y José **(Pepe)** Figarola.

El santiaguero Ángel Almenares fue timbalero, compositor y guitarrista. En una época integró un dúo con José Sierra y más tarde otro con Bebé Garay.

El compositor y guitarrista Salvador Adams integró un trío con Rufino Ibarra y Che Toronto. Años antes había sido compañero de Miguel Matamoros, antes de que el mismo formara su afamado trío.

A pesar de haberse quedado ciego a los once años, Miguel Companioni fue guitarrista y dominó también la técnica del contrabajo, la flauta, el violín y el piano. Dirigió coros espirituanos, para los que compuso infinidad de claves.

El trinitario Rafael Saroza Valdés tenía una magnífica voz, dominio de la guitarra y de la composición. Compuso un número indeterminado de canciones trovadorescas, de las que se conservan alrededor de cincuenta. La más conocida, **Guitarra mía**, se ha convertido en un símbolo de Trinidad.

El violinista, pianista, director de orquesta y compositor Rodrigo Prats dejó una amplia obra musical en la que aparecen zarzuelas, misas, danzones, pregones, canciones, guarachas, y su tradicional e inolvidable **Una rosa de Francia**, compuesta en Santiago de las Vegas cuando el maestro Prats tenía quince años.

El pianista y compositor guanabacoense Ernesto Lecuona escribió danzas para piano, zarzuelas, valses, canciones, etcétera, que conforman una obra de alrededor de seiscientas composiciones, entre las cuales algunas están consideradas dentro del género trovadoresco.

El habanero Gonzalo Roig, director de banda y orquesta, compositor, violinista, contrabajista y pianista, fundador, junto con Lecuona y otros, de la **Orquesta Sinfónica de La Habana**, compuso revistas musicales, zarzuelas, valses, canciones, danzones, pregones, sones, rumbas y otros géneros. Entre sus obras más importantes deben citarse la zarzuela **Cecilia Valdés** y la internacionalmente conocida criolla-bolero **Quiéreme mucho**.

Delfín

Eusebio Delfín Figueroa (1º de abril de 1893-28 de abril de 1965) nació en Palmira, Cienfuegos, y murió en La Habana. Este cantante, guitarrista y compositor tuvo la oportunidad, gracias a la holgada posición económica de su familia, de realizar estudios en Cienfuegos (se hizo contador, aprendió guitarra y canto) y, más tarde, se trasladó a La Habana, donde su carrera artística y de hombre de negocios se hizo más notable.

A pesar de no estar considerado –con justicia– entre los grandes de la trova tradicional, porque su obra no alcanza las dimensiones de las de Sindo, Corona, Villalón, Rosendo y Ballagas, Delfín merece –al igual que María Teresa Vera, aunque por razones diversas– un acápite aparte en el análisis de nuestra trova.

Como hemos dicho, en Santiago de Cuba los trovadores utilizaban el rasgueado o rayado para acompañar sus canciones, y ese era el estilo conocido en la isla. Argeliers León, al hacer mención de este fenómeno, ha expresado:

Conectado con el patrón rítmico de las *danzas* y de las *habaneras*, y con un texto narrativo que se hacía largo y tendido, es que fue surgiendo en el siglo pasado, un nuevo estilo en el acompañamiento guitarrístico, mezcla de rasgueado y punteado, que, a no dudarlo, nos llegaba nuevamente por el camino de renovados contactos con *sones yucatecos*. La presencia de familias y tropas, venidas de las recién instauradas repúblicas latinoamericanas, y el creciente tráfico entre México y los puertos del sur de Cuba, desde los años de la retención de la zona de San Juan de Ulúa por tropas españolas (1825), motivó, todo ello, la introducción de un rayado rítmico, muy segmentado y constante, en la guitarra prima; acentuado tonalmente en la guitarra segunda. [...].[18]

Pero había algo importante en el rayado, y era que cada trovador tenía su estilo propio dentro del mismo: el rayado o rasgueado de Sindo no se parecía en nada al de Matamoros, ni al de otros, porque cada uno le impartía su sello particular. Según el maestro Guyún, Eusebio Delfín, que no llegó a ser un guitarrista notable, tuvo, sin embargo, la genial idea de cambiar el estilo rasgueado santiaguero por un modo de acompañamiento

---

[18] Argeliers León. Ob. cit., p. 205 y 211.

Eusebio Delfín Figueroa fue guitarrista, cantante y compositor. No era un gran guitarrista, pero cambió el estilo rasgueado o rayado santiaguero por un semiarpegiado, repartiendo el ritmo en un compás y medio y dejando la parte débil del segundo compás en silencio.

semiarpegiado, que rompió los moldes establecidos desde el siglo anterior. Como era natural, los trovadores comenzaron a imitarlo y el público a encantarse con la nueva forma. Delfín, con su agradable voz de barítono, no se conformó con el semiarpegiado para acompañarse, sino que, además, determinó «...repartir el ritmo en un compás y medio, dejando en silencio la parte débil del segundo compás (compás débil). Esto lo hacía siempre al producirse los cambios de armonía».[19] O sea, que, aparte del semiarpegiado, dejaba medio compás en blanco en su acompañamiento.

En La Habana de los años 20, la guitarra era utilizada, sobre todo, por los guaracheros, bohemios, trovadores, y no era un instrumento gustado por las clases acomodadas. Pero Eusebio Delfín, que por aquellos años era el director del Banco Comercial de Cuba, se casa con una hija de Emilio Bacardí, propietario de una de las más famosas fábricas de ron cubano de la época, y, como era lógico, empieza a frecuentar con su esposa los lugares a que acostumbraba asistir la familia Bacardí, que eran los clubes más aristocráticos, es decir, los lugares prohibidos para las clases pobres. Y en aquellos sitios donde se reunía la alta sociedad habanera empieza Delfín a cantar sus boleros, acompañándose con su guitarra... A partir de ese momento, la juventud aristocrática, elegante, adinerada, se entusiasma con la hasta entonces humilde –y para ellos–, innoble y despreciada guitarra; comienza la fiebre del estudio de dicho instrumento, como la moda imperante del segundo decenio del presente siglo, y surgen profesores para impartir sus conocimientos acerca del mismo. Por lo tanto, también se debieron en gran parte a Eusebio Delfín el auge y el prestigio que adquiriera la guitarra en aquellos años.

Delfín, que musicalizó letras de diversos poetas y nunca utilizó textos propios, pues lo consideraba incorrecto, compuso obras como *Migajas de amor, ¿Y tú qué has hecho?, Qué boca la tuya, Cabecita rubia, La guinda* (En los labios rojos, / en los blancos dientes, / de tu boca linda, / linda, linda, linda, / temblaba una guinda / roja, roja, roja. / Deja que la coja, / deja que la muerda, / que no se me pierda. // Entre la blancura / de tus dientes chicos, / entre la dulzura / de tus labios ricos, / había en tu boca / una sonrisa loca, loca, loca, / y en tu boca linda / temblaba la guinda... // Yo quise cogerla / y al ir a morderla / los labios mordí, / y la boca linda / se tiñó de rojo. // Fue cruel el antojo, / pues aún no sé si / fue zumo o fue sangre / de boca o de guinda / lo que me bebí), *Con las alas rotas* y *Ansias*.

19 Helio Orovio. Ob. cit., p. 122.

EN EL TRONCO DEL ARBOL

BOLERO

Eusebio Delfín

Moderato.

En el tronco del árbol 1

En la década del 20, la guitarra era menospreciada por las clases acomodadas, pero como Delfín pertenecía a una familia adinerada, su guitarra empezó a oírse en los lugares más aristocráticos, iniciándose la moda de los tocadores de guitarra, por lo que puede considerarse que al autor de **La guinda** se debe, en gran parte, el prestigio y la aceptación del hasta entonces despreciado instrumento de bohemios y trovadores.

En el tronco del árbol ː

María Teresa

Un caso análogo a Delfín es el de la llamada «madre de la trova», figura femenina de este movimiento, voz obligatoria, inolvidable, de quien dijera Pablo Milanés que significó, para él, la canción cubana.[20] María Teresa Vera Vera (6 de febrero de 1895-17 de diciembre de 1965) nació en Guanajay, La Habana, en el seno de una humilde familia mestiza. Mujer de intensa sensibilidad, fue compositora, guitarrista y cantante de singular estilo inigualable. Silvio Rodríguez ha manifestado que su voz

...era sin vibrato, seca; tocaba las notas y sólo se prolongaba para glisar de un tono a otro, lo cual le imprimía una gracia, o más bien un carácter, muy singular. Su emisión era aparentemente descuidada, natural, popular; incluso a veces se le rajaba la voz, pero sin desafinar. Siempre hacía variantes de las melodías originales, por lo que, en este sentido, también interpretaba creadoramente.[21]

Fue una gran intérprete de los más importantes compositores trovadorescos, como Manuel Luna, Pepe Banderas, Pepe Sánchez, Sindo, Rosendo, Villalón, Patricio Ballagas, Graciano Gómez y, sobre todo, de Manuel Corona, a quien le dejó grabadas sesenta y cuatro canciones, mientras que de las suyas propias sólo grabó siete: *Cara a cara, Amar y ser amada, Esta vez tocó perder, El último es el mejor, He perdido contigo, Por qué me siento triste* y la conocidísima *Veinte años*[22] (¿Qué te importa que te ame, / si tú no me quieres ya? / El amor que ya pasado / no se debe recordar. / Fui la ilusión de tu vida / un día lejano ya. / Hoy represento el pasado, / no me puedo conformar. // Si las cosas que uno quiere / se pudieran alcanzar, / tú me quisieras lo mismo / que veinte años atrás. / Con qué tristeza miramos / un amor que se nos va: / es un pedazo del alma / que se arranca sin piedad...), cuya sola evocación es la remembranza de una época ida, pero siempre presente al escucharla.

---

[20] Jorge Calderón. **María Teresa Vera**. La Habana, Editorial Letras Cubanas, 1986, p. 127.

[21] **Ibidem**, p. 137.

[22] **Ibidem**, p. 152-157, 158, 162 y 164.

La guitarrista, cantante y compositora María Teresa Vera hizo un dúo con Rafael Zequeira; en 1926 formó otro con Miguelito García y creó su Sexteto Occidente. En 1937 fundó su famoso dúo con Lorenzo Hierrezuelo, que duró veinticinco años. Su estilo inigualable la convierte en la voz obligatoria del movimiento de la trova tradicional.

"Veinte Años"
canción

Ma. Teresa Vera
Arr. Guyún

Arreglo armónico para guitarra del maestro Guyún.

Copió: Edilia Pañón Glez
9 de dic 1976

Los Matamoros

El danzón había aparecido en el orbe musical cubano el 1º de enero de 1879 con *Las Alturas de Simpson,* del matancero Miguel Faílde, llenando de sabrosuras los salones de baile, con su compás binario y las reminiscencias de la contradanza, que le diera origen. Pero, con el pasar de los años, viene el surgimiento de otro género instrumental bailable y vocal escrito también en 2/4, de una cubanía extraordinaria, pues ya en él las raíces españolas y africanas (bantú) se han mezclado en un mestizaje delicioso. Este nuevo género, donde están presentes el llamado tresillo cubano, el rayado o rasgueado y la original distribución de las diversas líneas tímbricas que dan lugar a su complejo percusional y rítmico armónico, que conforma la polirritmia que lo caracteriza, comienza su éxodo desde la región oriental de la isla hacia el occidente de la misma, y, en la década del 20, desplaza a los diversos géneros que hasta entonces mantenían su hegemonía. Es el reinado del son, que se impone, con sus sextetos y septetos.

En el marco de esa década, según palabras de Radamés Giro:

> En 1925 se integra el Trío Matamoros, compuesto por Siro Rodríguez, Rafael Cueto y Miguel Matamoros; con su formación se inicia lo que se ha denominado el trío trovadoresco cubano. Característica de esta singular agrupación fue la forma de integrar sus guitarras Miguel Matamoros y Rafael Cueto. Este último, al decir de Guyún, creó un módulo rítmico (*tumbao*) a base de un movimiento melódico-armónico realizado en los bajos de su guitarra, a los cuales agregaba la percusión; este tumbao resaltaba por su sabor cubano, a la vez que agrandaba el sabrosísimo rayado que hacía Miguel. Por sus aportes, su modo de hacer y creaciones, el Trío Matamoros se inserta, por derecho propio, en la historia de la guitarra en Cuba.[23]

Y, añadimos, también en la historia del son y de la trova tradicional cubana, ya que el famoso trío –pionero del bolero-son, con elementos de ambos géneros– perfeccionó y propulsó la deliciosa trova del son.

Miguel Matamoros (8 de mayo de 1894-15 de abril de 1971) nació y murió en Santiago de Cuba. Guitarrista, compositor y director del trío que llevó su nombre, fundó en 1924, en unión de Miguel Bisbé y Alfonso

---

[23] Radamés Giro. Ob. cit., p. 38.

El Trío Matamoros, propulsor de la trova del son.

del Río, el Trío Oriental, mientras él trabajaba como chofer particular de un conocido político de la época. Al siguiente año, Del Río no continuó formando parte del trío y ocupó su lugar el cantante y guitarrista Rafael Cueto (14 de marzo de 1900), el cual el 8 de mayo de 1925 llevó a casa de Miguel al también cantante Siro Rodríguez (9 de diciembre de 1899-29 de marzo de 1981). En aquel memorable cumpleaños de Miguel cantan por primera vez juntos los que después se convierten en el internacionalmente conocido Trío Matamoros, que cubrió una amplia época musical de nuestro país, donde aún son admirados cuando se les escucha interpretar las obras de diversos compositores, y las del propio Miguel, entre las que pueden mencionarse *Mariposita de primavera, Olvido, Mamá, son de la loma, Alegre conga, Lágrimas negras* (Aunque tú me has dejado en el abandono; / aunque tú has muerto todas mis ilusiones, / en vez de maldecirte con justo encono, / en mis sueños te colmo, / en mis sueños te

Olvido

Olvido, bolero de Miguel Matamoros, en un arreglo profesional para guitarra del maestro Vicente González-Rubiera (**Guyún**).

colmo de bendiciones. // Sufro la inmensa pena de tu extravío / y siento el dolor profundo de tu partida / y lloro, sin que tú sepas que el llanto mío / tiene lágrimas negras, / tiene lágrimas negras como mi vida. // Tú me quieres dejar, / yo no quiero sufrir: / contigo me voy, mi santa, / aunque me cueste morir), *El que siembra su maíz* y *Juramento*.

MENOS QUE UN FINAL

Este movimiento estético-musical neorromántico popular, conocido dentro y fuera de nuestras fronteras geográficas con el nombre de trova tradicional cubana, no debe extrañar que tuviera sus inicios en el siglo XIX y mantuviera su reinado hasta entrado el actual, ya que el XIX cubano es de una extensa duración, pues en manifestaciones artísticas como la música, las informaciones sobre lo moderno, las corrientes de moda en el Viejo Mundo, en otros continentes, etcétera, nos llegaban con demasiado retraso, razones estas, entre diversos factores, que ocasionaron ese fenómeno de larga duración de un siglo hasta bien entrado el siguiente en el movimiento musical cubano, años en que se mantuvieron más o menos vigentes los movimientos, estilos, elementos... Pero, aparte de las riquezas armónicas y melódicas de nuestra trova tradicional, de las delicias de sus ritmos y de la genuina voz del humilde hombre del pueblo que proyecta su orbe sonoro, hay que recalcar, por su primordial importancia, que este movimiento representa una de las raíces fundamentales del nacionalismo musical cubano.

Luego tuvieron lugar la trova intermedia, el feeling, la nueva trova, cada cual con sus especificidades e importancia particulares. Respecto al tema que nos ha ocupado, mucho hay que buscar, rebuscar, profundizar, analizar... Este trabajo sólo abre una brecha para echarse a andar por ella con una guitarra bajo el brazo y un mundo sonoro lleno de acordes evocadores surcándonos corazón adentro.

LETRAS DE CANCIONES TRADICIONALES

ELVIRA

Letra y música de José (*Pepe*) Sánchez.

Si oyes un día la voz de tu esposo,
que triste y lloroso siempre está por ti,
llorar es mi anhelo en nombre de Dios
en la tumba fría que te sepultó.

Perdóname, Elvira, tú sabes que yo
tengo el alma enferma pensando en tu amor.
Quizás algún día unidos los dos
cantemos un himno en nombre de Dios.

LA ALONDRA

Letra y música de Gumersindo (*Sindo*) Garay.

Yo soy como la alondra
que, al despuntar el día,
le brinda sus gorjeos,
sus gracias al Señor.

Y vengo por el aire,
buscando la armonía
que vierto en mis canciones,
llenándolas de amor,
llenándolas de amor.

Estoy en la florida
edad de mis amores
y dediqué mi tiempo
sólo para cantar.

E igual que los antiguos
errantes trovadores,
yo busco por el mundo
un ser a quien amar.

ROSINA Y VIRGINIA

Letra y música de Rosendo Ruiz Suárez.

Dos lindas rosa, muy perfumadas,
se disputaban su lozanía,
y los pastores que las cuidaban
enamorados de ellas vivían.

El uno dice que sus pesares
Rosina sólo quitar podría
y el otro siente agravar sus males
si no se apiada de él Virginia.

Se columpian entre flores perfumadas
tiernecitas mariposas trinitarias
y exhalando sus perfumes embriagadores
caen por siempre ya rendidos los pastores.
Rendidos ya de amor, ¡piedad!
Rendidos ya de amor, ¡piedad!

YO REIRÉ CUANDO TÚ LLORES

Letra y música de Alberto Villalón.

Si todo aquello acabó,
si olvidaste mis amores,
si hoy ríes y lloro yo,
ya reiré cuando tú llores.

Tengo en el pecho una llaga
que me la abrió tu desdén.
Algún día, Dios lo haga,
la sentirás tú también:
todo en la vida se paga.

Fuiste el sol que el negro Oriente
de mi mente iluminaba
con su luz resplandeciente.
Lo que yo a ti te adoraba
Dios lo sabe solamente.
Lo que yo a ti te adoraba
Dios lo sabe solamente.

Da muchas vueltas el mundo:
tal vez con dolor profundo
vuelvas a brindarme amores
cuando no quiera dar flores
ya el jardín del amor mío,
que hoy ríes y yo no río:
ya reiré cuando tú llores.

SANTA CECILIA

Letra y música de Manuel Corona.

Por tu simbólico nombre de Cecilia
tan supremo que es el genio musical.
Por tu simpático rostro de africana canelado
do se admiran los matices de un vergel,
y por tu talle de arabesca diosa indiana
que es modelo de escultura del imperio terrenal,
ha surgido del alma y de la lira
del bardo que te canta como homenaje fiel,
este cantar cadente, este arpegio armonioso,
a la linda Cecilia, bella y feliz mujer.

Las lánguidas miradas de tus profundos ojos
que dicen los misterios del reino celestial,
y el sensible detalle de amor provocativo
de tus abúrneos senos y tu cuerpo gentil,
yo no sé qué provoca el conjunto armonioso,
tu belleza imperiosa, tu virtud femenil,
que me siento encantado y la mente inspirada
de afecto y de ilusión, por ti, santa Cecilia,
la más primorosa mujer virginal.

EL TROVADOR

Letra y música de Patricio Ballagas.

Soy un triste trovador
cansado de buscar
quien mitigue mi dolor,
quien me quiera consolar,
quien me conceda su alma
para en ella reposar
cual mariposa en la flor.

Para mí que vivo triste y solo,
no me puedo nunca conformar
con el solo don que el dios Apolo
quiso en mí depositar.
Por eso busqué por largos años
quien mi amor supiera comprender,
y después de amargos desengaños
creo que vivo condenado a padecer.

PENSAMIENTO

Letra y música de Rafael Gómez (*Teofilito*).

Pensamiento, dile a Fragancia
que yo la quiero,
que no la puedo olvidar;
que ella vive en mi alma,
anda y dile así:
dile que pienso en ella,
aunque no piense en mí.

Anda, pensamiento mío,
dile que yo la venero,
dile que por ella muero,
anda y dile así:
dile que pienso en ella,
aunque no piense en mí.
Dile que pienso en ella,
aunque no piense en mí.

YO SÉ DE UNA MUJER

Letra y música de Graciano Gómez.

Yo sé de una mujer que mi alma nombra
y siempre con la más íntima tristeza,
que arrojó en el lodo su belleza
lo mismo que un diamante en una alfombra.

Mas de aquella mujer lo que me asombra
es ver cómo en un antro de bajeza
conserva inmaculada su pureza
como un astro su luz entre la sombra.

Cuando la hallé en el hondo precipicio,
en repugnante lodazal humano,
la vi tan inconsciente de su oficio
que con mística unción besé su mano,
y pensé que hay quien vive junto al vicio
como vive una flor junto a un pantano.

LA CLEPTÓMANA

Letra de Agustín Acosta.
Música de Manuel Luna.

Era una cleptómana de bellas fruslerías,
robaba por un goce de estética emoción.
Linda fascinadora de cuyas fechorías
jamás supo el severo juzgado de instrucción.

La sorprendí una tarde en un comercio antiguo
hurtando un caprichoso frasquito de cristal
que tuvo esencias raras, y en su mirar ambiguo
relampagueó un oculto destello de ideal.

Se hizo mi camarada para cosas secretas,
cosas que sólo saben mujeres y poetas,
pero llegó a tal punto su indómita afición
que perturbó la calma de mis serenos días.
Era una cleptómana de bellas fruslerías
y sin embargo quiso robarme el corazón.

SUBLIME ILUSIÓN

Letra y música de Salvador Adams.

He visto una boca que sólo ha dejado
perturbada mi mente desde que la vi.
Qué boca tan linda, de labios de grana,
qué dientes más chicos de puro marfil:
besarla quisiera y luego morir.

Qué más yo quisiera, tan sólo una vez,
juntar a las tuyos mis labios sedientos
de amor o capricho, delirio o locura.
Qué boca más linda, esa que yo vi:
besarla quisiera y luego morir.

FLOR DE AUSENCIA

Letra y música de Julio Brito.

Como rosa que pierde su aroma,
así era mi vida.
Como nave que está a la deriva,
sin rumbo y sin calma.
Triste y solo buscaba un olvido
que alegrara mi alma,
y en las tinieblas de mi dolor
apareciste tú.

Como un encanto tus ojos
quitaron las penas
que en mi corazón dejara otro amor.
Como una magia divina
tus besos encendieron
de nuevo la llama de mi corazón.

Y al mirar tus ojos veo convertidas
en flor las heridas que dejó otro amor.
Y ahora tu aroma de encanto
perfuma mi vida, linda flor de ausencia,
dulce inspiración.

Eres la flor que me inspira,
reina de mis ilusiones,
por la que mi alma suspira,
oh, Rosa de mis amores.

MUJER PERJURA

Letra y música de Miguel Companioni.

Si quieres conocer, mujer perjura,
los tormentos que tu infamia me causó,
eleva el pensamiento a las alturas
y, allá en el cielo, pregúntaselo a Dios,
pregúntaselo a Dios.

Tal parece que estás arrepentida
y que buscas nuevamente mis amores:
acuérdate que llevas en la vida
una senda cubierta de dolor,
cubierta de dolor.

GUITARRA MÍA

Letra y música de Rafael Saroza.

Suena, guitarra mía,
lindo tesoro de inspiración.
Suena, que tú eres vida,
eres arpegio de mi canción.

Canta, guitarra mía,
que yo te sienta con emoción,
mira que estoy muy triste
y estoy enfermo del corazón.

Ve donde está mi amada,
cuéntale todo, hazlo por mí.
Dile que tú me has visto
llorando a solas cerca de ti.

Róbale un dulce beso,
guitarra mía, con frenesí,
de esos que guarda presos
en esos labios como un rubí.
De esos que guarda presos
en esos labios como un rubí...

UNA ROSA DE FRANCIA

Letra de Gabriel Gravier.
Música de Rodrigo Prats.

Una rosa de Francia,
cuya suave fragancia
una tarde de mayo
su milagro me dio.

De mi jardín en calma,
aún la llevo en el alma
como un rayo de sol,
como un rayo de sol.

Por sus pétalos blancos
es la rosa más linda,
hechicera que brinda
elegancia y olor.

Aquella rosa de Francia,
cuya suave fragancia
una tarde de mayo
su milagro me dio.

DESPUÉS DE UN BESO

Letra de Guillermo Anckermann.
Música de Jorge Anckermann.

Tus labios tentadores me enardecen
y tanto tu sonrisa me provoca,
que yo no sé, mujer, lo que daría
por recibir un beso de tu boca.

El suave terciopelo de tu cara
quisiera acariciar con embeleso
y, viéndome en las niñas de tus ojos,
morirme de placer, después de un beso.

COMO ARRULLO DE PALMAS

Letra y música de Ernesto Lecuona.

Como el arrullo de palmas en la llanura,
como el trinar del sinsonte en la espesura,
como del río apacible el lírico rumor,
como el azul de mi cielo, así es mi amor.

Eres tú la mujer que reina en mi corazón.
Dulce bien que soñó mi apasionada ilusión.
Eres tú flor carnal de mi jardín ideal,
trigueña y hermosa, cual musa
gentil de cálida tierra tropical.

Tu mirar soñador es dulce y triste, mi bien.
Es tu andar tentador un armonioso vaivén,
y tu piel, dorada al sol, es tersa y sutil,
mujer de amor sensual, mi pasión es rumor
de un palmar.

VIVIR SIN TUS CARICIAS

Letra de Amado Nervo.
Música de Eduardo Sánchez de Fuentes.

Vivir sin tus caricias es mucho desamparo;
vivir sin tus palabras es mucha soledad;
vivir sin tu amoroso mirar, ingenuo y claro,
¡es mucha oscuridad!, ¡es mucha oscuridad!

Para calmar, a veces, un poco el soberano,
el invencible anhelo de volverte a mirar,
me imagino que viajas por un país lejano,
de donde es muy difícil, ¡muy difícil!, tornar.

Así mi desconsuelo, tan hondo, se divierte;
doy largas a mi espera, distraigo mi hosco splín;
y, pensando en que tornas, en que ya voy a verte,
un día, en cualquier parte, me cogerá la muerte,
y me echará en tus brazos, ¡por fin!, ¡por fin!

AQUELLA BOCA

Letra y música de Eusebio Delfín.

Qué dulce fue el beso con que nuestra boca
encendió de amores a otra boca en flor,
cuando, con el beso, toda el alma loca,
milagrosamente palpitó de amor.

Qué dulce la boca que amorosamente,
con besos ardientes, hicimos sangrar.
Ay, pero más dulce es la boca riente,
aquella que nunca podremos besar.

POR QUÉ ME SIENTO TRISTE

Letra de Guillermina Aramburu.
Música de María Teresa Vera.

¿Por qué me siento triste,
cansada de la vida?
¿Por qué me siento sola
y llena de dolor?
Teniendo tantas cosas
que halaguen mi existencia,
aún siento la nostalgia
de tu profundo amor.

Espero que algún día
se calmen mis pesares,
¡oh, Dios omnipotente,
apiádate de mí!
Arranca de mi pecho
su amor desesperado
o avívale la llama,
para que vuelva a mí.

JURAMENTO

Letra y música de Miguel Matamoros.

Si el amor hace sentir hondos dolores
y condena a vivir entre miserias,
yo te diera, mi bien, por tus amores,
hasta la sangre que hierve en mis arterias,
hasta la sangre que hierve en mis arterias.

Si es surtidor de místicos pesares
y hace al hombre arrastrar largas cadenas,
yo te juro arrastrarlas por los mares
infinitos y negros de mis penas,
infinitos y negros de mis penas.

ÍNDICE